Otto Jägersberg

Keine zehn Pferde

Gedichte

Diogenes

Das Motto von
Friedrich Dürrenmatt aus
Gedichtband bei einer Mittagszigarre,
in: Friedrich Dürrenmatt,
Gesammelte Werke 7, Essays/Gedichte,
Diogenes Verlag, Zürich 1985, 1966
Umschlagillustration: Otto Jägersberg,
›Lenins Zimmer beim Schuhmacher Kammerer
in der Spiegelgasse, frisch gestrichen‹,
2007 (Ausschnitt)
Copyright © Otto Jägersberg

Inhalt

DER PRINZ EISENHERZ DER BAUSTELLE

SCHREITJÄGER

WOHIN MIT DEM GEDICHT

DAS DASEIN

Gott schuf die Welt ohne zu denken

    Soso lala

Er machte sie aus dem Nichts, mit einer Geschwindigkeit
ohne Gleichen

    Soso lala

Darum (die Sonne steht immer noch hoch) dichte ich in
sechzig Sekunden

    Soso lala

eine ganze Welt voll. Zwischen zwei Uhr dreizehn und
zwei Uhr vierzehn

    Soso lala

Friedrich Dürrenmatt

DIE
VORREGENERWARTUNG

Mit hohen Schuhen

wie ein Kind in Pfützen treten
nur in Pfützen ist der Himmel auf Erden

Ich liebe es in festen Schuhen
durch Matsch zu waten
wie Sindbad

Ich bin nicht unterwegs
die Heimat zu loben
oder Kühe in den Stall zu treiben
Mir gehört hier nichts

Ich liebe es
spazieren zu gehen im Regen

er pladdert auf meine Mütze
und der Matsch schmatzt
nach den Schuhen

Freu mich schon
sie zu putzen

Mode im Sturm

Schluss mit dem Zickenlook
Vorwärts schöne Frauen
Wir wollen wieder sehen lernen

Ihr Schönheitssoldatinnen
hochbeinig
edelbusig
das Becken scharf voraus
die Augen starr ins Ungefähre
im schnellen Schritt
der nach außen geworfenen
über Kreuz gesetzten Füße
schwerelos wesenlos
schüttelt ab die Trance
schreitet
schreitet weiter
über den Catwalk hinaus
hinein in die Straßen und Wohnungen
und sorgt mit der euch eigenen Strenge
für Schönheit und Eleganz
gnadenlos

Second hand

Langer schwarzer Mantel
klassischer Schnitt
schweres Tuch
tadellos verarbeitet
Passt

Ich drehe mich im Spiegel
perfekt
So einen Mantel wollte ich
schon immer

Als ich in die Taschen greife
fühl ich ein Tuch ziehe hervor
eine Hakenkreuzbinde wie neu
sorgfältig gefaltet

Erschrecken am Es
und Schock über meine Begeisterung
Wie er passte
der Mantel
wie angegossen

Beim Lesen der Droste

Als ich einmal das Wetter genoss
Liegend auf dem Sofa
Das Geistliche Jahr der Droste lesend
Windete es ums Haus
Regen klatschte ans Fenster
Äste krachten
Wunderliche Droste

Abends in den Nachrichten
Nannte man das schöne Wetter Lothar

Das Agrarland

Wildschweine im Mais
Mehlwürmer im Sack
Zwergmäuse im Roggen
Hamster im Bau
Kornkäfer in ihrem Milieu
Kartoffelkäfer im Grün
Schnaken am Euter
Fliegen am Auge
Käfer am After
Feuer im Weizen
Gülle im Trinkwasser
Bauern am Tresen

Eine bioethische Leitsau stand
barfuß in der Wiese
und ein Zehnjähriger tuckerte
auf dem Traktor der Mutter hinterher
die süße Versprechungen schnalzend
eine Ziege ins Abendrot trieb

Da war noch einer

denk ich
zurück von der Reise

Ich hörte von einem
dass er gestorben sei

Wer war es nur
grübel ich überm Totenbuch
den Bleistift in der Hand

Die Feinstrumpfhose

Zur Warmhaltung deutscher Frauen
im Winter befahl Adolf Hitler Vorsorge
zu treffen seinen Ingenieuren

Sie entwickelten ein geschmeidiges Gewebe
fügten ein Elastikband drumrum
fertig war die Feinstrumpfhose

Seither geschah dem epochalen Winterteil
viel Schönes zum Beispiel
Gürtelbesatz in zarter Calais-Spitze

Nach wie vor unschlagbar
die funktionellen Vorteile
Wird auch von Arbeitern Bauern
und Jägern gern getragen

Um nicht erkannt zu werden
ziehen sich Verbrecher bei der Ausübung
böser Taten Feinstrumpfhosen
über die Köpfe
Das sieht doof aus

Herz im Ultraschall

Unbekannter Planet
Von Strömen durchzogen
Täler Höhen und Auen
Ein Vulkan in der Mitte zuckt
Offensichtlich zieht ein Sandsturm
Durch oder ein Gewitter
Die Schwester Ultraschall
Lässt mich mithören
Ein Intercity fährt in den Tunnel
Wenn er wieder rauskommt
Wird nasse Wäsche ausgeschlagen

Sah und hörte es mal wieder
Das verräterische Organ
Klappe auf Klappe zu
Verlies mit Fledermaus
Die verzweifelt versucht rauszukommen

Ein halbes Jahrhundert
Geraucht wie ein Türke
Getrunken wie nur einer
Herz im Eimer
Aber mit Amiodaron läufts
Weiter als wär nix

Früher wär ich jetzt längst tot

Weimarführer

Hier verbrachte Kafka seine Weimarer Tage
hier kam Eckermann um die Ecke wenn
er zu Goethe ging Wir gehen da nicht hin weil
da sind schon alle
Lieber in Herders Garten hier saß Herder
in seinem Gartenhäuschen wenns regnete
schrieb die Predigt für Sonntag
Goethe heiratete hinter der Kirche
in dieser Stube Christiane
ihr Grab gleich im Park der in der gottlosen
DDR ein Treffpunkt von Rabauken war
Schiller kam in die Grube um Mitternacht
In dieses Loch warf man die
Leichen des niederen Adels
komische Sitte Schiller kam da auch rein
Sie kennen das Theater um seinen Schädel
der gar nicht seiner war
auch Goethe ließ sich täuschen
stellte das Ding auf seinen Schreibtisch
89 war hier Treffpunkt der Bürgerbewegung
als man von idealen Zeiten träumte
Ich war auch so einer sagt unser Führer
Jetzt muss ich mal austreten
Er geht schnellen Schritts die Aktentasche
schlenkert was hat er da wohl drin
Weit muss er gehen
Sehn wir überhaupt ihn jemals wieder

Bild von Chagall

Über den Häusern ein Liebespaar schwebend
Im Dorf wird Musik gemacht
An der Palisade hockt scheißend
Ein Mann und dirigiert mit der Hand
Die Melodie des Darms

Auf freiem Feld

der Vollerwerbsautor
mit Stock und Gedanken
Es blitzt
hinterher brüllt der Donner

Zum Himmel
der zärtlichen Haut
hebt der Vollerwerbsautor
seinen Stock
als Blitzanleiter

Einfall
möge er aufblitzen

ein vergänglichkeitsanlass

uralte leutchen tauschen wahrheiten
über hebel aus essen kuchen
Die Vergänglichkeit
im waldhof am 2. Mai
draußen regnet es
lowell hat *Die Vergänglichkeit* ins englische übersetzt
gauger kann das dann kann er noch französisch
jung rezitiert *Die Vergänglichkeit* alemannisch
erhardt kann sie auswendig
mörike ist ein fauler schwabe
hebel ein fleißiger badener
verkehrter kanns nicht zugehn
mörike lässt sich mit ende 30 pensionieren
lass ihn nur dichten sagen die schwäbischen oberkirchen
soll ich nun pfarrer in freiburg werden
pfarrer im oberland oder hofrat im unterland
fragt hebel seine gustave
gustave sagen sies

heidegger weiß auch nicht
ob er die berufung nach berlin annehmen soll
aber der bauer unterhalb seiner hütte weiß es
nein unerbittliches nein entnimmt heidegger
dem gesicht des unterhalb-seiner-hütte-bauern
goethe findet die leute in baden
bedienen sich einer neckischen sprechweise
findet die gedichte hebels indessen recht fein
hält den mann aber für katholisch

goethe hat öfter mal keine ahnung
1815 trifft er hebel in karlsruhe am hofe
hebel ist ireniker und harmonieselig
als landesbischof erzürnt er katholiken ebenso
wie die zwei-lager-evangelischen
da lässt er das schreiben von kalendergeschichten
gleich lieber sein
nei was de seisch

hebels schreibtisch
hat eine leiste als umrandung
damit nichts runterfällt
hebels oberkörper sieht
über den schreibtisch hinaus
ins oberland
der unterkörper bleibt unterm schreibtisch
im unterland
hebels unterkörper will manchmal
ins oberland
aber der oberkörper bleibt dienstlich
im unterland
trinkt alle tage
wein vom oberland
der unterkörper besorgt die abfuhr

es ist ein elend mit hebel
aber nie kullert ein bleistift vom tisch
nie weht ein blatt davon
stößt er das glas um bleibt der wein auf der platte
und kann noch geschlürft werden
lieber am schreibtisch bleiben

als ins oberland fahren
ich komme gustave liebe seele bald komm ich
das schreibt sich so schön

Die Vorregenerwartung

Man könnte meinen der Erfinder
der Dauerwelle sei Meerschäumer oder
Fischer gewesen
Einer der das ewige Heranwellen des Meeres
ins Haar seiner Geliebten dauern wollte
Weit gefehlt

Der Erfinder der Dauerwelle war
ein Hütejunge von Ziegen ob Todtnau
Die Lieblichkeit der Wiesenhänge am Hasenhorn
Liesbühl und Geisköpfle und ihre Verwahrung
in den Haaren seiner Mutter und Schwester
hinzukriegen war sein Bestreben

Morgentau füllte die Gräser
trieb ihre Stengel ins Hohe
und krümmte die Spitzen zu Spiralen
Die ganze Wiese schien gelockt
und der Wind schlug Wellen in die Halme
Gegen Mittag hatte die Sonne
die Feuchtigkeit aus der Wiese verbannt
und die Gräser standen
erwartungsstramm vor den Ziegen

Das war der Ansatz
und die Eigentümlichkeit der Straffung
Ringelung und Lockung des Haars
seiner Schwester vor dem Regen
ihrer Haare Vorregenerwartung

Das musste doch auch chemisch elektrisch
hinzukriegen sein

Lange Vorarbeiten
Erprobungen in Paris und New York
1910 endlich wird Karl Ludwig (Charles) Nesslers
Permanent Wave Machine patentiert
Dankbare Damen

DER HOHE STEINPILZ
SPRICHT

Steinpilze

Meinen Nachbarn
Kaum im Wald
Rufen Steinpilze zu
Hier sind wir
Nimm

Ich gehe im Wald umher
Stunde um Stunde
Keiner ruft
Allerdings
Stolper ich manchmal über einen
Dann entschuldige ich mich

Herbsthirsch

Einst fegte der Herbsthirsch
sein Geweih an meiner Schulter
Bruder Herbsthirsch
und der Nebel legte uns Jahresringe
um die Köpfe

Dieses Jahr lässt sich Herbsthirsch
nicht blicken
Ich durchstreife den Wald
Nichts
Herbst kein Hirsch

Honiggelber Hallimasch

schnell erwischt
Stunde später aufgetischt
Petersilie dran
Wohlgetan
Zwei Perlpilze warn auch dabei
Einerlei
Nach einer weitren Stunde
Machte Hall im Arsch die Runde

Helmut der Völkerreiche

Helmut und seine Völker
eine glückliche Beziehung

Aus dem Rauch seiner Pfeife
lesen sie die Windstärke
aus seinem Schwänzeltanz
lesen sie die Richtung
des Einsatzgebietes

die Tannen honigen heut

Er legt den Badischen Bummlern
den Elsässischen Tänzern
den Schweizer Sumsern
die Höschen an

und los sie brausen

Er bleibt
säubert ihre Kammern
lüftet fegt saugt

More than Honey

Hochfüßchen

Wie oft schon hab ich mit ihm gestritten
Hau ab
und andere goldene Worte

Aber dann ist seine Zeit wieder da
Steht unvermutet auf dem Tisch
und hebt sich zu den Lippen

Zur Versöhnung
nehm ich den ersten Schluck

Bier

Damit er immer den rechten Ton traf
lieferten die Herzöge von Weimar Bach
jährlich dreizehn Eimer Bier frei Haus
viereinhalb Liter pro Tag

Thomas Mann nahm Bier zum Einschlafen
allein des Braunbiers wegen zog Jean Paul nach Bayreuth
Weil ihm einmal eine Maus aus der Flasche direkt
in den Hals lief traute sich Karl Günther Hufnagel
nur noch mit ganz kleinen Schlucken ans Bier
V. O. Stomps nannte Bier Leopardenpisse
Der Herr drüben bestellt sich noch ein Bier
freute sich Gottfried Benn
dann brauche er sich keinen Vorwurf zu machen
dass er auch gelegentlich einen zische

Ich sitze im Biergarten unter Kastanien
in Ulm nein nicht Ulm an der Donau
Ulm bei Renchen am Schwarzwald
wo Grimmelshausen als Schultheiß
über die Reinheit des Biers wachte
Farbe Geschmack Stammwürze
vor mir der Krug Schonwiederleer

Nebenan die Brauerei Ulmer Bier
Gepolter von der Abfüllanlage
Reiben sich aneinander die Flaschen
klirren im Tanz zu den Düsen

Wohlbehagen amtet den Trinkdienst
Bier flutet den Leib
auf Schiffchen gleiten Gedanken vorüber
gab es nicht einst Suppe aus Bier Mutters Biersuppe
und pflegte sie nicht die Blätter des Gummibaums
ficus elastica mit Germania Bier
dem sie auch den Glanz ihrer Haare verdankte
und nahm ich nicht beim Bierholen im Keller
aus Vaters Flasche den ersten Schluck
der Schaum war für mich

Das Gedächtnis für eben Bestelltes schwindet
Einfälle saufen nach der Entstehung ab
Zeitmaß nur noch die Gänge zum Pissoir
von Vernunft befreit wink ich dem Kellner
ich zähle die Krüge nicht
sie kommen wie sie gehen im Fluge

Bier rückwärts gelesen ergibts Sinn
reib dir die letzten Krümel vom Verstand

Überallhin wo Männer waren trug ich Bier
ich trug es zu Männern in Gräben und Schächten
ich trug es auf Äcker und Baugerüste
wo Männer waren wollten sie Bier
Bier vor dem Grauen Bier nach dem Unheil
ich trug Germania Bier zu den Männern
wurde trunken vom Rest in den Flaschen

Während Wein das Gedärm durchwäscht
und im Hirn das Laufwerk vergrünt
pumpt Bier seine Nährstoffe ins Phlegma

bläht Denken und Fühlen ins Teigige
und schaukelt die Gedanken matt
Die deutsche Tiefe kommt aus der Grube
des Innigen dem Fass (Schauen Sie mal
in die Partydose beim Zapfen zu Hause)

Der Staat rühmt sich im Besitz
gewinnbringender Brauereien Rothaus zum Beispiel
oben im Schwarzwald gegründet
um den Waldleuten das Schnapssaufen zu verleiden
Man holte sich Nietzsche ins Haus
ließ ihn die Anlage preisen
sein Gerede vom Überbier
macht die Kundschaft bis heute besoffen

Größere Einfuhr von Bier
fördert regelwidrige Geisteszustände
wer sich dem Bier hingibt
wird von Degenerationsängsten gepackt
traut sich nicht mehr wehrfähige Nachkommen zu zeugen

Anrüchig auch die Bierverehrung der Kirche
kein Kloster ohne Bräu
Verdächtig auch dass für die verruchteste Tat
mit Bier begangen
der Richter mildernde Umstände verrechnet

Dabei verwässern die Maßstäbe für Qualität
oft setzt man dem Biertrinker Nachtwächter vor
Kipp- oder Überlaufbier
zum Davonlaufen
oder das Bier riecht muffig dumpfig säuerlich ranzig

weil die Bierleitung unsauber ist
oder es protzt aus dem Hahn
weil die Wirtschaft nichts vom Ausschenken weiß
Als mein Vater starb im Mutterhaus der Missionsschwestern
zum Heiligen Herzen Jesu war sein letzter Wunsch
ein gut gezapftes Dortmunder mit anständiger Blume
Er bekam es

Lass die Gedanken laufen
folge ihnen gehe nie voran
mach auf den Mund
tu Bier hinein
bis zur Gedankenstille

In deinen Eingeweiden sprießen Wiesenblumen
ein Sternenhimmel überwölbt dein Herz
hörst du das Rauschen
es ist das Bier in dir
es gehört dir ganz

Montecristo Especial

Mit welcher Wut
Ich Arnold betrachte

Arnold Stadler den Schriftsteller
Mit der Zigarre im Gesicht

Nicht irgendeine
Havanna natürlich

Ich könnte sie ihm aus dem Gesicht reißen
Die MONTECRISTO ESPECIAL
Auf den Boden schmeißen
Und draufrumtrampeln

Er raucht
Ich nicht
Er darf
Ich nicht

Dabei ist er auch noch Theologe
Aber so sind die heute
Sie genießen

Ohne mich

Geld genug

In späten Jahren begann ich
mich für Geld zu interessieren
wie man es macht

Macht Geld
rief ich meinen Söhnen zu
werdet Geldmann
Zu spät

Ein Leben lang
hatte ich genug zu tun
Geld zu meiden
Immer sprungbereit
wenn der Kassierer kam

Ich kannte Geld
nur als Ergebnis von Arbeit
man kam nicht zum Leben dabei

Ich liebte es
spazieren zu gehen
Es gab so hübsche Wege

Ich ging gern auf Berge
Oben stehn
im Nebel
gefiel mir

Wie ich jetzt unter der Mütze lache
weil Geld schon in der Tasche ist
bevor die Hand prüfend hineinfährt

Was für ein Spaß
Geld genug

In den Bergen

              kamen auf einer Alm
Schafe auf uns zugelaufen
klingeldibimmel
Hundert fette Schafe
plötzlich von irgendwoher
direkt auf uns zu
mä mä bö bö

Schafe wie gewickelte Wolle
mit schwarzen Gesichtern
ließen uns nicht aus den Augen
richtig wichtig wir waren

Hielten uns wohl für Hirten
die was mitbringen

Wir brachten nichts

Rauchsalon im Brenners

Diese Luft
Nicht mehr meine Welt
Männer mit erlesenen Zigarren
Wolken ihr Innenleben aus

Ich setz mich in ihre Nähe
Und atme tief

Zwei Raucherinnen kommen
Tussis in Röckli (auf Durchreise)
Tolle Frauen
Stecken sich Zigaretten an

Und schon rasselt
die Abluftanlage

Heimatsätze

Wo meine Suppe kocht
Da bin ich zu Haus

In der Heimat schmeckt die Suppe
Woanders schmeckt sie nicht so

In der Heimat geht der Ofen nicht aus
Früh wird es dunkel

Der hohe Steinpilz spricht

Ich bin nicht stark
Ich bin nicht schön
Ich kam empor
Nicht um zu siegen
Ihr sollt in mir das Kunstwerk lieben

BITTERES WEH ÜBER EIN
VERSCHWUNDENES FAHRRAD

Als Heiliger

                    schon vor der Geburt umstritten.
Der Vater, der König, zweifelt
an der rechtmäßigen Entstehung.
Meine Mutter lächelt nur,
das Feuer soll entscheiden.

Mutter hat Eis in die Windel gepackt
für den Moment auf der glühenden Kochplatte.
Als Wunder reicht's,
und der Vater, der König,
fleht um Verzeihung.

In der Folge die Linie gehalten.
Regelmäßig kleinere Wunder
in gesicherter Nachbarschaft.

Eigentlich wird durch Austrocknung Brot leichter,
mir gelingt seine Gewichtszunahme über Nacht.
Ein Nierenstein geht locker ab.
Ein verwirrter Alter findet doch noch heim.
Jemand gibt das Rauchen auf.
Einer überlebt.

Anstrengender, der Leute Hoffnung
auf die richtigen Lottozahlen zu erhalten.

Die Anfälligkeit der Frauen
für Unglücksfälle im Haushalt
erfordert hohe Aufmerksamkeit.

Kinder nerven,
ich kann nicht überall sein.

Doch hat die Arbeit auch schöne Seiten,
Anerkennung tut gut.

Nur ja keine Übertreibungen,
Sachen regeln, die jeder kapiert.
Familiensinn fördern,
Treue belohnen,
Augenmaß!

Mit kleinen Wundern, Schritt für Schritt,
ein beliebter Heiliger werden,
eingebettet in der Region, landestypisch,
und den Versuchungen großer Wunder widerstehn.

Alte Liebe

Keine Schulaufgaben gemacht
kein Holz gehackt
Mutter hob den Kochlöffel
Nix als Eerger mitten Koten

Aber die Liebe
die Liebe war immer da
o diese Wiedersehensfreude
diese Sprünge
diese Fluglust

Ich stieß die Liebe
über Wiesen und Bäche in die Wälder
Diese Lust
Mit den Füßen trat ich meine Liebe
gegen die Stämme die Schüsse
sprangen von den Bäumen zurück

Zum Abschied flog die Liebe
in Stacheldraht Rote Blase
quoll aus der geplatzten Naht
pfffüt

Ball im Arsch
ab nach Hause

Als die Leute auf meiner Seite waren

Kleiner Fahrradunfall harmlos
Nur eine Acht im Vorderrad & Lenker schief

Ein silbern glitzerndes Auto schnitt mir den Weg ab
Ich hatte den Arm rausgeklappt
Wiene Eisenbahnschranke
Vom Vater gelernt
Vater warn großer Zeichengeber
Der Einzige weit & breit der auch fürs Gradausfahren
Handzeichen gab

Ich also den Arm raus beim Linksabbiegen
Von der Sophienstraße
Als dieses Großauto aufkreuzte
Der Fahrer bremste erst als mein Lenker
Auf seine Haube krachte
Sprang raus und sah sich die Kratzer an
Ich lag derweil auf der Straße
Glücklich über meine Knochen alle heil

Aber Lenker schief und Vorderrad ne Acht
Dann die Schuldfrage
Unangenehme Diskussion
Auch weil Augenzeugen dazukamen partout
Ein Unschuldslamm aus mir machen wollten
Vorbildliche Handzeichen meinerseits
Sei überdies ortsbekannt als korrekter Radfahrer
Ich staunte nicht schlecht
Diese netten Leute

Wollten dem Silbermetallicmann ans Leder
Es war kurz vorm Polizeiholen
Ich brauch ne neue Felge sagte ich
Ein neues Rad braucht der Radfahrer sagten die Leute
Geben Sie mir 30 Euro kauf ich mir ne neue Felge
Sagte ich zum Silbermetallicmann

Silbermetallicmann kniete sich auf die Felge
Wollte die Acht rauskriegen
Haut nicht hin sagte ich
Das ist ne Stahlfelge
Holländische Vorkriegsware
Aus Stahl krieg ich die eh nicht mehr ein Jammer
Geben Sie mir 30 Euro kauf ich eine aus Aluminium
Hab keine 30 Euro sagte der Mann heulend vor Wut
Dann geben Sie mir 20 sagte ich
Hab keine 20 sagte er
Die Zuschauer murrten
Bevor sie noch den Hut rumgehn ließen
Schulterte ich das Rad und zog ab
Silbermetallicmann zog ein Taschentuch
Und polierte die Haube

Dass die Leute auf meiner Seite waren

Tour de Suisse

Vor den fürchterlichen Felsen
grüne Wiesen schön Noch schöner
der Reporter sie Matten heißt
Kühe und Radathleten mit weiten Nüstern
beim Einholen der Junidüfte

Alles wie abseits und doch mittendrin
Ich komm nie in solche Gegenden
für Parkplätze kein Fitzelchen Raum
der Hubschrauber nervt
ich dreh den Ton ab und leg
Götterdämmerung auf

So durchradel ich die Schweiz
immer vorn Einsame Spitze
Die Einwohner am Straßenrand jubeln mir zu
Unter den Töchtern des Landes such ich
die passende Unter den Burschen
den besten Masseur

Schöne Beinstudien vor den Pässen
Bildfüllend die Anstrengung Wiegetritt Schnitt
Blitzende Speichen Schnitt Gipfelpanorama
Hinten dran der Besenwagen
Taumelnde Bilder von der Abfahrt nicht zu ertragen
ich hol mir ein Bier

Nach Stunden tritt einer an
wie ein Hammer Mit einer Radlänge Vorsprung

im Ziel Wie heißt er? Ton an
Cesare aus irgendwo
bedankt sich bei der Heimat
und seinem Monteur

Warum nicht bei mir

Zu den Sensen

Reich ist Garten und Feld
Luft aus zartem Blau
leicht für die Speichen zu stricken
Räder zur Ausfahrt herbei

Hinter der Einkaufszone
hantiert im Reflektordress
ein Mann mit Sense
im Straßenbegleitgrün dienstlich

Zuletzt sah ich eine Sense
über dem Sofa eines Designers
Form folgt Funktion
als Berufsmotto

Die Sense der Mongolen ist schmal lang
geschwungen wie Dschingis Khans Schnurrbart
die Sense der Flamen ein kurzes breites
Schwert wie eine Pflugschar
Jeder nach seinen Halmen

Früher stand der Bauer in der Wiese als Tod verkleidet
Die Sense meines Vaters hieß Heimatstahl
mein Bruder hatte in seine Irmchen gestanzt
ich durfte die Dinger nicht mal anfassen Foten wech
Zum Schärfen hatte mein Vater Essig
in der Wetzsteinscheide mein Bruder nahm Pisse

Ein richtiges Pionierinstrument
sein Arbeitsgeräusch weist in den Handel ritschsch
Handbreit handeln ist besser als armlang arbeiten
So wurde ich Handbreiter blieb landlos und nahm
eine Sense auch später nie in die Hand

Geben wir dem Fahrrad wieder mehr Gewicht
sage ich mir und zur zunehmend sich verwiesenden Gegend
Achtung Gräser Schöngestanden Naturvölker sensen nicht
rupfen den täglichen Bedarf mit der Hand

Jesus unentwegt

                         vorwurfsvoll
vorlaut
kein Schwanken kein Nachdenken
Er weiß alles
sofort und ganz und gar
treibt sich rum
mit zwielichtigen Gestalten
heilt ohne Kenntnisse
belehrt Gelehrte
verteilt Brot
verschenkt Wein
als sei die Welt sein Eigentum

In den Augen meiner Eltern
hatte ich dieselbe Kragenweite

Fußball hilft

Feingliedrig schien uns das erste Tor
Der Ball kam aus der Tiefe vor
Sein heller Klang der Lust entsprach
Den harten Schuss zu spüren
Das zweite Tor entsprang dem Kopf
Wie ein Gedanke von Schürrle
Begeisterung Geschrei Gesang
Papst und Kanzlerin applaudierten nicht minder
Fußball hilft uns über die Logik des Individualismus
Und Egoismus sich zu einer Logik der Brüderlichkeit
Und Liebe zu erheben, meinte der Papst
Genau, sagte die Kanzlerin

Bitteres Weh über ein
verschwundenes Fahrrad

Meiner Dienst- & Luxusfahrten Lustgerät
mein Sattelglück
mein Lenkerstolz
mein Rad
o
mein Rad ist weg

Vier Jahrzehnte Treue
vier Jahrzehnte Vertrauen
Bitte sehr, hin und wieder ein Platten
gern geflickt
Kette gesäubert und geölt
Dankbarkeitsrituale
auch geputzt, das Fahrrad geputzt
als Kind dazu gezwungen, heute weiß ich
das Beste, was ich in meinem Leben gemacht habe
einmal im Monat auf Vordermann gepumpt
und mit dem Lappen in Demut über den Rahmen
schwarz wie Ebenholz

Mein Rad ist weg

Am Bahnhof hat ich's abgestellt
ordentlich verschlossen im Unterstand
mein mit zwei Ketten gesichertes Rad
drei Tage war ich auf Montage
kam zurück und sah
verdammt noch mal

Fahrrad weg
o
Warum riss es sich
von der Kette?
Warum öffnete es zwei Schlösser und
machte sich allein auf den Weg
in die Sternentstehungsregion RCW 34?
Da wollten wir doch gemeinsam hin

Half ein Dieb
ein Kenner, ein Schuft?
Das täte mir leid
der Dieb täte mir leid
auf meinem Rad der Dieb
bräche sich den Hals
auf meinem Rad kam klar nur ich

Mit meinem Rad kam klar nur ich
mein Rad hat seine Mucken
das Tretlager braucht vier Leerdrehungen
bis die Kette zum Rücktritt greift
Wenn jetzt der Dieb muss bremsen
den Rücktritt tritt, nichts
ein Tritt ins Leere
Dieb in Not
o
Auch geht die Vorderbremse nicht
sie ist sogar nicht da
mein Rad, erprobter Holländer, Vorkriegsware
hat keine Vorderbremse
in der Milchstraße braucht mein Rad
keine Bremsen

aber auf Erden fährt ohne
der Dieb gegen die Wand
bricht sich den Hals
o
Meine Schuld
Merkur, Gott der Diebe
schütze den Entführer

Möge mein Rad, selig von Erinnerungen
dem üblen Burschen gnädig gewogen sein

Die neue Waschmaschine

Wir sitzen davor und staunen
Dies sanfte sich Winden
Das schmeichelnde Seufzen
Zwei Jahre garantiert

Aus dem digitalen Anzeigenbereich
Beruhigende Nachricht
Noch zwei Stunden zwölf Minuten
Gewaschene Zeit

Fahrradfahrerin mit Kind
auf dem Gepäckträger

Morgens 6 Uhr in der Glümerstraße
Das Kind singt:

                     Es ist Frühling
Alle Leute schlafen noch
Ich soll ruhig sein

Für die kleinen Leute

                                  griff er
beim Spazierengehen
immer mal wieder in die Tasche
und warf Münzen über die Schulter
damit die kleinen Leute auch eine Freude haben

Schwäbisch klingt das besser
Dass d Leit a Freid hen
soll Helmut Pfisterer zu seinem Tun gesagt haben

Ich bücke mich heute noch
nach jedem Groschen auf der Straße
Groschen darf man nicht mehr sagen
Nach jedem Cent?
Ne

Schrecklichste Stunden

Als er in die Volksschule kam
Als er in die Mittelschule kam
Als er in die Lehre kam
Als er in die Ehe kam
Als es immer so weiterging

Zwar vom Lande aber Kenner

Frage auf dem Markt die Anbieterin aus Oberkirch
Was sind denn das für Kartoffeln?

Die können Sie für alles nehmen, sagt sie
sowohl als auch
Sowohl als auch ess ich nicht, sage ich

Die kann ich empfehlen, sagt die hinzutretende Isolde
die Lebenserfahrene, die Kennerin

Für was nimmste die denn, frage ich
Für alles, sagt Isolde, die sind vorwiegend festkochend
so dazwischen, grad richtig für alles
Dazwischen mag Lebensstrategie für dich
und Millionen sein, ist aber keine Lage
für Kartoffeln, sage ich, vorwiegend fest
und dazwischen kocht mir locker am Stock vorbei
bei Kartoffeln wenigstens gilt
entweder oder

Mehlige habe ich auch, sagt Frau Oberkirch
Her damit, sage ich
Schönen Tag noch

Stampfkartoffeln

Kohl mit Wasser gibt man mir zu essen,
Und ich esse, dass es nur so kracht.

Dostojewski

Ich dagegen wurde mit Kartoffeln groß
half beim Pflanzen musste Kartoffelkäfer suchen
holte Kartoffelschalen für den Schweinepott
in den Tommy-Siedlungen (wie viel Fleisch die
an der Schale ließen die Schlampen)
buddelte Kartoffeln aus putzte sie
futterte sie roh gegen Würmer
schälte Kartoffeln rieb Kartoffeln
kochte Kartoffeln stampfte sie briet sie
Mein Verhältnis zu Kartoffeln
heute noch einwandfrei

Besonders verehre ich
Stampfkartoffeln

Ein Klacks ein Schlach ein Haufen
Stampfkartoffeln aufm Teller
oben eine Grube gegraben
Soße rein
Hmm

Auch bei der Herstellung
bin ich unentbehrlich
pariert der Kartoffelstampfer
doch nach meiner Pfeife

War auch Nietzsches Lieblingsessen
bei Muttern in Naumburg
Stampfkartoffeln mit Soße
Gabelglück
Einfach zu handhaben
Höchstmaß an Geschmack
Weichheit Zartheit Reinheit

Sollte mal was übrigbleiben
(wo denn wie denn warum denn?)
kalt essen
salzen und auf Butterbrot

Über die Machart gibts kein Vertun
mehlige Kartoffeln in Salzwasser kochen
(Kochwasser bewahren)
Kartoffelstampfer her
rammtatata mit Schmackes
mit dem Schneebesen unter Hinzufügung
von Butter und Kochwasser den Brei schlagen
fünf Minuten rechts rum
zehn Minuten links rum
Servieren
Einverleiben

Gibt ja Leute denen die Kartoffel
als Nachtschattengewächs unheimlich ist
Führen ein Leben ohne Stampfkartoffeln
lieber in dysphorischer Verstimmung

Wer vor einer Portion Stampfkartoffeln
nicht in die Knie geht
den meide

Als Fußballer

       traute ich mich nie
aufs Tor zu treten
gab den Ball immer ab
anstatt ihn reinzuknallen

In der Zeitung stehen gabs nicht
außer man trat ab
für immer
aber als Torschütze?

Denk an Jesus
Jesus den Angeber
so einen wolln wir
nicht in der Familie

UM 8 AM
TRANSFORMATORENHÄUSCHEN

Blaue Königin

Meine Frau am frühen Morgen schreit
Pflaumenkuchen verdammt noch mal
wo bleibt mein Pflaumenkuchen
Geschwind ans Werk macht sich der Mann
pflückt entkernt zuckert
rein in den Ofen

Ach wie gut mir Pflaumenkuchen tut
singt meine Frau aus ihren Kissen
schnell verputzt und stillt die Wut
Pflaumenkuchen Pflaumenkuchen
morgen will ich wieder Pflaumenkuchen

Wenn der Geschlechtswind weht

setzt das Nahesein zwischen Männern und Frauen
Eier in Bewegung
Ungeheure Zahlen werden genannt
Zwei Millionen Zellenmänner in Eimänteln
Rasen auf ein einziges weibliches Ei los
Rangelei unterwegs Geschubse
Nur der Sieger hat eine Chance
Die andern können wieder nach Hause gehen

Das weibliche Ei derweil
Saugt den Sieger rein
Wie ein Atemzug
Das Luftmeer in sich hineinschlürft

Ich & Du

Ich
Manchmal sind dafür drei Buchstaben zu viel
Manchmal denk ich die spinnen die Grimms
so ein kurzes Wort für mich

Du
Hat die richtige Länge (Es
reicht) der Klang
haut auch hin
kommt wie gerufen
zur Sache

Obwohl nicht
Du nicht Dich
Das Wollen steht
Nun ja
Nicht ich

Max-Grundig-Klinik Bühlerhöhe

Ich halte die Fahrstuhltür offen
Für den zarten Überseehäuptling
In Pumphosen und mantelartigem Überkleid
Ziegenbart bestickte Filzkappe
Exotisch wie Bolle

Aufwärts also
Besucher oder Patient
Frage ich englisch
(Mein Englisch ist nicht besonders)
Er lacht mich an
Und lässt einen fahren

Auf dem Wege der Besserung

Um 8 am Transformatorenhäuschen

Eine Frau klebt
Am Transformatorenhäuschen
An ihr dran
Ein Mann

Zwei Stromkreise
Magnetisch verkettet

Jetzt unter Denkmalschutz

Döblin kommt zurück 1945

Ausgerechnet am 9. November
Datum einer verpfuschten Revolution
(über die er drei Bände schrieb)
von Paris kommend überquert Döblin
bei Kehl den Rhein
früher ein Wort voller Inhalte
jetzt fällt ihm nur Bitteres ein
Krieg strategische Grenze
wie ein gefällter Elefant liegt
die Eisenbahnbrücke im Wasser
aber die Felder ordentlich Wiesen schön
Wege glatt und der deutsche Wald tiptop

Auf einem Blechschild liest er
Kaiser's Brustkaramellen Friedliche Zeiten
in denen man was gegen den Husten tat
Achern Bühl Oos
der Bahnhof zerschmettert
Ein Trupp Soldaten wartet
eine Trikolore weht
Mit der Stichbahn nach Baden-Baden
Er ist am Ziel
an welchem Ziel
Er wandert mit seinem Koffer
durch eine deutsche Straße und erschrickt
man spricht neben ihm deutsch

(Angstträume während des Exils
durch einen Zauber auf diesen Boden versetzt
Nazis kommen auf ihn zu)

Dass man auf der Straße deutsch spricht
Zwölf Jahre düstere Pein Flucht auf Flucht
Ihn schauderts Er muss wegblicken und ist bitter
Dann sieht er ihr Elend und sieht
sie haben noch nicht erfahren
was sie erfahren haben
Es ist schwer Er möchte helfen

Bahnhof Herbolzheim

Im Fahrradunterstand
ein blaues Damenfahrrad
hinten platt

Es ist Sonntag

Nur dieses eine Fahrrad
im Unterstand
und hinten platt

In Tirol

        sah ich im Vorüberfahren
In einem niedrig gelegenen Haus durchs
Fenster drei Frauen
Eine las eine stand eine saß
Nächst am Fenster las die Frau in weißem
Kittel aus einem Romanheft vor
Tiefer im Raum stand die Frau mit nacktem
Oberkörper hinter ihr saß die Frau deren
Hand eine Brust der vor ihr Stehenden umfasste
Und mit einem Finger die Knospe reizte
Mit dir mein Land Tirol

Vase

Reich mir die Vase
Schnell für die Sch
Önheit Vase her S
Chöne Frauen sich
In Vasen wagen E
Mpörte Frauen Va
Sen schlagen Vasen
Vasenfrau und Nasenma
Nn Vase Frau Nase Mann H
Err Nase senkt sich in Frau Va
Se wo der Geschlechtswind weht
Zu einer Dame schöne Vase sagen S
Chöne Damen die bunte Blumen in den V
Asen richten sind in Bildern und Gedichten U
M Vasen die mit Blumen blühn die Maler sich
Seit je bemühn Die Vase müht das Nichts zu
Blühn Die Leere lehrt den Raum erglühn Und
nun die Vase in das Bild Die Bilder sind der
Vasen voll Die Vasen wollen Bilder sein V
Asen sind ja so was von zerbrechlich
Fällt die Vase ist das Bild kaputt
Das ist voll in die Vase gegan
Gen Ohne Vase ist der Mal
Er ganz allein auf
sich gestellt

Wir haben Goethe gesehn

Er kam mit einer Tüte
Bei McDonald's raus
Wir kamen nicht dazu
Ihn zu begrüßen
Im Nu war er weg

Später sahen wir ihn
Am Rande der Autobahn
Wir erkannten ihn an der Tüte
Die Autobahn ist kein Fußweg
Wollten wir ihm zurufen
Da waren wir schon vorbei
Informierten aber den Verkehrsfunk

Wir trafen ihn wieder als Pferd
Beim Steherrennen in Iffezheim
Hopp hopp Goethe lauf Galopp
Nach wenigen Metern schon warf er
Den Jockey in die Hecke
Wir hatten 100 auf Sieg
200 auf Platz gesetzt

Beim Absatteln an der Waage
Erteilte Goethe das Pferd moralische Lehren
Es sei viel Mist in der Welt und Vernunft täte not
Lieber würde er Mist auf die Felder karren
Als hier zum Gaudi der Leute
Runden zu drehn

So nicht Goethe so nicht
Wir waren ganz schön sauer

Göttlicher Tag und Lob des nächtlichen Lesens

Reichtum in beiden Händen
Den ganzen Tag

Göttlicher Tag als Hausfreund
Verlangt nichts
Vollbringt alles

Kommt wie gerufen
Wenn wir ihn brauchen
Schleicht sich davon
Wenn nichts getan wird

Dafür schlafen wir gut
Lohn der Faulheit
Friedliche Nächte

Andersrum wird ein Schuh draus
Der die Nacht niedertrampelt

Ohne Buch nicht durchzuhalten

Frühling

Der Frauen Brüste zittern wieder
bei jedem Schritt
Der Bank entstemmt der Alte
sich mit seinem Stock
und seine Frage zittert
Darf ich mit

BLASIUSSEGEN

Vor der Schule

Seht die Anlieferung der Kinder
zur Schule diese Gesichter
als erwarte die Schlachtbank sie

Wie gern würde ich sagen nur die
aus den Cayennes entlassenen
die aus den Opels
springen fröhlich davon

Hier gibts keine Opels

Kirchplatz mit Wackersteinen

besät
wie die Milchstraße
Unterschiedliche Höhen und Tiefen
zum Stolpern schön

Manchmal entsendet das Tiefbauamt
Arbeiter die sich der herausragendsten
Steine annehmen

Mit dem Stemmeisen
hebeln sie die Betreffenden raus
organisieren den Untergrund neu
hieven die Steine wieder rein
und rammen sie mit dem Wuchthammer
in die neue Ordnung

Die hält nicht lange
Der Quellgeist hebt
lässt die Steine wieder wachsen
andre sinken

Der Platz will seine Sterne wiederhaben

Von Tag zu Tag wird der Platz schöner

Gläubige schlagen das Kreuz
wenn sie ohne zu stolpern
die Kirche erreicht haben

Für mich Ihr Christen
entzündet eine Kerze zum Dank
Ich habe euch nicht müssen
fallen sehn

Mein Herz

Mein Herz mein Herz
es scheint mich nicht zu mögen
es täuscht es foppt mich
walkt wie das Wippbrett
einer Nähmaschine mein Herz
ein Arsenal für scharfe Messer
Das ist mein Herz nicht
Schwere Urteilskraft

Für Verrat geschaffen

Menzels Fuß

Menzel sein Fuß
gemalt von Menzel
in Öl
Ölbild von Menzel
Adolph Friedrich Erdmann von Menzels
rechter Fuß
ausgelatscht
geschwollen
kein schöner Anblick

Diese dicke blaue Ader
im bleichen Grau
das wahrscheinlich Schrundige
der Sohle
Fuß eines alten Mannes
Menzel seiner

Hab auch so einen
seh nicht näher hin
das Runterbeugen
beim Sockenanziehn
reicht mir

Menzel aber
malte ihn
dick in Öl
wie in Verwesung

Hängt in Berlin
im Museum
ein Trost

Hintern voll

Aus den Kellern
das Klatschen der Schläge
Da wurde noch nach Vätersitte
erzogen
Die Söhne jaulten
wie junge Hunde
Strafe muss sein
Die Mütter immer vornewech
Ich sags Vater
Wer nicht hören kann
muss fühlen
Manchmal wollte er gar nicht
müde und friedlich vom Bier

Schwer zu vergessen
die Monster wenn sie
ins Prügeln gerieten
gedemütigte Väter
kleine Deutsche
Stolz & Ehre hielten sie zusammen

Wir hatten wenns dunkel wurde
zu Hause zu sein
für die Flüchtlingskinder galt das nicht
sie tobten um die Häuser
schlichen durch die Gärten
wenn wir längst im Bett waren
Flüchtlingskinder wurden nie verprügelt

Heinrich wurde geschlagen
Josef nicht
Josef bekam nie was
Heinrich dafür das Doppelte
Josef sollte Priester werden
einen Priester verprügelt man nicht
Heinrich bekam die Prügel am Samstag
konnte dann rein zur Messe

Ich bekam meine Tracht ohne Regel
Angeblich hatte ich was angestellt
Kam der Vater heim
zahlte sich das Angestellte aus
Mutter gab die Einzelheiten preis
Schweigend gings in den Keller

Der Alte wählte lange
Stock Kabel Riemen
Stock und Kabel waren fürchterlich
Riemen ging grad so
Heißa

Vor der Kirche der Bettler

                                     zählt
in seiner Mütze die Münzen

9 Kirchgänger sind beim Rausgehn
an ihm vorbei 3 haben bezahlt
60 Cent im Schnitt
88 gingen rein
79 sind noch drin
wenn von denen jeder Dritte zahlt
wie beim ersten ermittelten Durchschnitt
kommt er auf 15 Euro 50 plus 1.80

Er ist nicht nur ein guter Rechner
er bettelt auch gut

Bismarck-Denkmal in Baden-Baden

Da stehste nun
was hast du mir zu sagen
Linksrum die Treppe steigt
ich habe schwer zu tragen

Du dicker großer Mann
wat kuckste so wohin
Steil steht dirs Schwert vorm Bauch
willste dich noch schlagen

Das Schild am Sockel
schwärmt dich als Friedensonkel an
Wie du da im Steine protzt
glaub ich nicht so dran

Komisch biste nich
doch dick und groß
zum Rumstehn auserkoren
Soll ich was Schönes über dich noch sagen
gilts dem Hering hinter deinem Namen

Bin gleich zu Haus und futter zwei
komm meinetwegen mit ich habe drei

Als ich im Alter der Kinder war

lernten andere
Mopedfahren Latein Klavier
Ficken Ministrieren
War ich zu doof?
Faul auch
zu beschäftigt mit Träumen

Wie komm ich in die Kordilleren
wie nach Timbuktu
Wer ist denn Gott
Wer hat den erschaffen
Und immer wieder die Frage
Nach dem Ende der Welt
Kommt da noch was oder wars das
So verging die Zeit
die in der Kindheit mir gegeben war

Dauernd konnte was passieren
aber es passierte nichts
Warten erleiden

Blasiussegen

Der Mann da vorne in Soutane
beim Einblaseln
hält zwei brennende Kerzen überkreuz
einer Knieenden vor den Hals
murmelt und priestert an
den Nothelfer Märtyrer Bischof Blasius
dessen Fürsprache bewahrt
vor allen Übeln des Halses
und weiteren Übeln
Bitte sehr

Heiliger Blasius
auch will ich die Gräte nicht
die Du damals im Kaukasus
aus dem Hals eines Fischessers
zum Rausspringen zwangst
verschone mich

Stiftskirche Liebfrauen in Baden-Baden
Frauen empfangen den Blasiussegen
ein Mann dabei die allseits beliebte
Gute-Laune-Stimme von der Funkhöhe
Schöner sprechen Blasius hilf

Keiner verlangt Eintritt
oder kassiert eine Segensgebühr
für diese Dienstleistung
ein Wunder an sich

Angenehmer Aufenthalt
niemand lärmt oder spuckt
Fußbodenheizung

3. Februar weitersagen

Ein freundlicher Fürst reichte uns Rindswurst

                                                          lauwarm
in schwer zu durchbeißender Decke und Apfelwein
Sonne schien in den Hof des Schlosses
Wind blies
Eine Frau beschmuste ein Hündchen
ihr Mann trug Designerjeans aus denen die Knie
hervorlugten wie Mungos
Das war im Schlosshof von Bad Homburg
nebenan saß Hölderlin in seim klein Häusken
spielte Klavier die Nachbarn jaulten
in der Erlöserkirche predigte Wilhelm II.
im Sinclair-Haus sahen wir uns nach Goethe um

Auf der Rückfahrt wunderten wir uns
über die Geschicklichkeit der Autofahrer
fabelhaft gelenkt flossen
ihre Autos harmonisch dahin
alles lief wie geschmiert
am Rand der Autobahn keine Leichen

Weiße Nacht

Flocken weiß
Rieseln leis
Helle Nacht im Werden
Unordnung auf Erden
Menschen rutschen schon
Alte Knochen krachen
Flocken weitermachen
Rieseln leis

Zum Tod von Horst Brandstätter

Die Masuren schenkten
sich zur Hochzeit einst
Särge schöne Särge
silberbeschlagen

Stellten sie in der Tenne auf
täglich vor Augen
beim Heueinbringen
und Schweinefüttern

Justinus Kerner ließ seine Kinder und Patienten
– die Patientengäste waren seine Kinder
die Kinder seine Patientengäste –
in Särgen schlafen

Einmal die Woche in Särgen
oben auf dem Boden
ein Dutzend Särge mit Schlafenden
sollten sich an den Tod gewöhnen

Jetzt ist Brandy dran
da im Sarg in der Einsegnungshalle
wenn die Reden vorbei sind
schieben sie ihn ins Feuer

Wie oft wir über die Bräuche
der Masuren sprachen
über Kerners Maultrommel-Therapie
und was das Leben noch so draufhat

Verbrennen die etwa auch den schönen Sarg

Ich stelle mir das Sterben vor

                                  wenn alles gutgeht
im Bett
ich liege so da und denke
gleich stirbst du
nur keine Aufregung
muss ja mal sein

Ob mir dann wurscht ist
wo die Bücher landen
die Kartoffelstampfer
die Stöcke

Sterben ist schwierig
gelingt aber
lehrt Erfahrung
ideal ist einschlafen
und tot aufwachen

Die Asche soll verstreut werden am Toten Mann
auf der Allmende unter den Kiefern
in der Mitte dreier Kuhfladen
Haut das auch hin und finden sie die Stelle
oder endet das irgendwo

Es geht schon so viel schief im Leben
wie erst nach meinem Tod

VOM KÜSSEN
DER FALSCHEN FRAUEN

Geschicktes Frauenausschicken

Eigentümlich diese Neigung zu Frauen
und ihrer Art
dies Schürzen der Lippen
dieser Beistand in Gefühlslagen
diese Mattigkeit des Gangs
dieses gefiederte Streicheln ihrer Hände wo
auch immer
diese Dankbarkeit warum
und was sie alles aussprechen können

Kleinigkeiten
aber wir kommen aus dem Staunen nicht raus

Wenn wir das Glück mit ihnen
nicht mehr aushalten können
schicken wir sie aus nach der Welt
und nach den Freunden zu sehen

Vermissen uns denn nicht Peter und Paul
und neiden uns unser Glück

Sagte Otto

Lasst uns über die seelischen Grundlagen
der männlichen Liebe reden
Ich erwarte Hingabe und eine alle
Verruchtheiten beinhaltende Leidenschaft
die weiß wann ihre Stunde geschlagen
auch wann sie sich in eine ruhigere
Position zu verflüchtigen hat
Es gibt im Leben die Stunde
des Champagners und die des Tees
nicht auf die Minute festgelegt
aber doch im übersichtlichen Ablauf
daran hat sich auch Doris zu halten

Felicitas schluckte
Elke brach in Tränen aus

Viagra

           kann ich Ihnen nicht verschreiben
sagt der Doktor Sie sind Herzpatient
wenn Sie abkaspern
bin ich dran

Gibt mir aber ein testosterongeschwängertes
Gel mit zum Einreiben
           an den Oberarmen

Morgens und abends
           an den Oberarmen

Jeden Monat Geld
ohne ein Glied
zu rühren
Ich bin Rentner das Glück
ist vollkommen
           an den Oberarmen

Meine Frau schüttet die Betten auf
Hast du auch alles richtig gemacht
           an den Oberarmen

Täglich scharfe Kontrollen
Spürst du schon was

Sehr spannend

Still ruht der See

Ich sitze im Ruderboot
Ein Traum
Verfolgt mich
Wer ist Margit Förster?

Ich stand vor einem Schaufenster
Mit Uhren teuren Uhren
Ich versteh nichts von Uhren
Das aber sah ich teure
Verdammt teure Uhren
Ein Vorhang wurde zur Seite geschoben
Eine Frau winkte mich in den Laden
Ich ging hinein
Sie führte mich an ein Bett
Das war aus lauter Gold
Ziehen Sie sich schon aus
Sagte sie Margit Förster
Kommt gleich
Margit Förster?
War es nicht immer Ihr Traum
Sich zu betten mit Margit Förster
Auf reinem Gold?

Da wurde es laut am Ufer
Drei dicke Damen in quietschbunten
Einteilern sprangen vom Steg
Ins Wasser Wellen schlagend
Blesshühnchen kickten empört
Und schossen davon

Die Damen kreischten und spritzten
Drei fröhliche Damen
Die planschten und schwammen
Drei dicke Damen
Die brauchten mich nicht
Um glücklich zu sein
Schickten mir aber die Woge

Die Woge wuchs die Woge schwoll
Würde mein Boot standhalten?

Nackt lag ich auf Gold
Weich schien es
Warm war es
Gold umschmeichelte meine Glieder
Herrlich
Ich erwartete Margit Förster

Drei nackte Damen sprangen
Auf mein Bett dicke Damen
Deckten mich zu
Drückten mich tiefer ins Gold

Näher immer näher die Woge
Nüstern geschwellt
Zähne gebleckt
Sie würde mich verschlingen
Schnell weg rief die Maus
Ergreife die Ruder
Wo waren die Ruder?
Es gab keine Ruder (nur eine Maus
Eine Maus saß zu meinen Füßen

Augen wie Teller groß)
Mächtiger wälzte die Woge sich an
Vom Ufer die Stimmen der Damen
Lachen und schrilles Gekreisch
Lauter noch grollte die Woge
Es brauste der Wind
Erfasste das Boot
Erhob es
Die Woge darunter verlief sich
Das Boot stieg höher und höher
Die Ruder schlug Margit Förster
Der Himmel war golden

Keine Maus mehr an Bord
Nur Margit Förster und ich
Sie schlug die Ruder

Immer höher
Höher das Boot stieg
Still ruhte der See

Im Fernsehen

    sah ich Mädchen auf einem Holzboden
vor hohen Bergen tanzen

Eine Art Schuhplattler hübsch wild
Was für edle Beinchen die Mädchen hatten
Wenn ihre Röcke flogen
konnte ich ihre gerüschten Höschen sehn
gelb wie Löwenzahn

Derartige Sendungen
hatte ich immer gehofft
seien für die anderen

Vom Küssen der falschen Frauen

Immer wenn ich eine falsche Frau küsste
Bekäme ich Lippenbläschen Rosenkranz Gürtelrose
Veitstanz oder Gedächtnisschwund sagt meine Frau
Das Küssen falscher Frauen bekäme mir nicht

Du sagst Yanine sei eine dumme Kuh
Warum küsst du sie dann
Du sagst Alexandra rieche wie feuchter Keller
Warum küsst du sie dann
Du sagst Moni gehe dir auf den Sack
Warum küsst du sie dann

Von den anderen Topfkratzerinnen
Kröten und Tussen gar nicht zu reden
Aber an allen leckst du rum

Deine Haltung zu den Frauen
Gibt zu denken mein Freund
Du solltest deine Haltung zu den
Frauen mal überdenken

(hiermit geschehn)

Tupfer

Früher erkannten wir Freilandscheißer
an den gehäkelten Klopapierummantelungen
auf den Rückablagen ihrer Autos
Sehr sinnvoll
Wo sie hingingen
traten wir nicht hin
Weiß der Kuckuck
wo sie heute hinmachen

Seitdem es Papiertaschentücher gibt
haben wir Freude
an ihrem unvermuteten Sein
in Grünanlagen Parks und Wäldern
oft als gekonnt geknüllte Mösentüchlein
weiße Tupfer in Grün
Nicht übel diese Performance
aber was will sie uns sagen

In den Büschen

machen Mädchen mit Jungs rum
Gelächter Gekreisch
Die Unschuld
Ach was die Unschuld
Ein schöner Satz früher
In den Büschen
Verloren sie ihre Unschuld

Apfelbaum im Winter

Schnee auf allen Zweigen
Oben wo der Pflücker nicht rankam
Drei Berner Rosen rot

Jeden Abend

wenn die Sonne sinkt
ist sie am Drücker knipst
den Sonnenuntergang
40 Jahre schon

Jeden Abend
wenn der Himmel verhüllt ist
holt sie die Kiste mit den Fotos
von den Sonnenuntergängen
Sieh mal

Die Liebe

Du fragst mich was die Liebe sei
keine Ahnung
bin ja noch dabei
bin ich allein
fällts mir wieder ein

Winterreise

In einem schicken Auto
unterwegs Natalie
so allein
in den Alpen

Von einer Felswand
stürzt ein Eiszapfen
durchschlägt das Autodach
und übernimmt das Steuer

Welch glückliche Fügung
denkt Natalie

DER PRINZ EISENHERZ
DER BAUSTELLE

Kleine Epistel auf Werner am Stock

Seht Werner
seht Werner mit dem Stock
Ha Würde
Ho Werner
Kunstgeher mit Stock

Wo Werner nicht war
war Werners Stock schon
an den anerkannt schönsten Stellen
auch in Rüdesheim und am Königssee bezeugt
wie beschildert
    (da muss Werner nu nich mehr hin
    danke Stock)

Werners Stock ist kein Rentnerstock
mit Gummipropf am Ende
Werners Stock hat die Spitze aus Eisen
Bella figura in Alleen wie schnurstracks
zu schönen Frauen seitwärts
ins Weinhaus

Stock am Werner
führe ihn treu

Zurück vom Zahnarzt

Überstanden
Zähne stehen wieder
Lassen ohne Zuckungen
Kaltes Bier durch
Mit offenem Maul trete ich vor
Zeige die Zähne mit Lust
Willst du mir auf den Zahn fühlen
Bitte
Alles paletti
Kann mich mal
Der Zahn der Zeit

Wozu kochen

                    die Fernsehsendungen
sind viel zu gut
Wir sitzen mit Flaschenbier und Wurstbroten
vor einer dieser großartigen Kochsendungen
Als Großvaters Suppe noch warm war

Heute nehmen sie sich ein Tier vor
Schwarzes Tier mit Schwanz und Kulleraugen
im Speckmantel
Schwanz ab und Augen raus
ins Innere Kastanienmus und Rosmarin
mit Kognak bespritzt in einen fetten Mantel
gehüllt sanft in eine gebutterte Form
mit Wein aufgefüllt 250 Grad und Geduld

Augen und Schwanz für Suppe
Tüchtig rühren und reden über die Stimmung
in der Küche früher
als Großvaters Suppe noch warm war
Früher gabs für die Suppe den Großvater
der Großvater setzte sich zu Tisch und sagte
Heute gibts Suppe und morgen gibts Regen
Großvater las das Wetter aus der Suppe
war Wurst drin schien die Sonne
Die beste Sonne ist die Wurst

Auf das Schlachtbrett mit dem Ofentier
Portionsgerecht die Soße bei und Petersilie
fürs Auge in die Zähne

Zum Essen keine Zeit denn
schon der Abspann läuft nur
eine Gabel voll und hm geseufzt und lecker
Wir vorm Fernseher springen vor Begeisterung
von den Stühlen
Deutsche Fernsehköche hoch

Aber dann schieben sie Sophia Loren nach
Schwarzes Ofentier nach einem Rezept
von Sophia Loren
Das haben wir nicht gewollt
wir wollen nicht auch noch mit Sophia Loren in die Küche
Wenn wir Sophia Loren über die Schulter gucken
wollen wir nicht in Töpfe kucken

Verärgert werfen wir Wurstbrote gegen den Fernseher
und widmen uns dem Rothaus
aus der einzigen Brauerei dieses Landes
mit einer zweistelligen Umsatzsteigerung pro Jahr
Kein Wunder

Wandern mit Ludger Lütkehaus

Immer beim Wandern
sieht er vor für die andern
ein Kirschbaum zum Plündern
eine Blume zum Wundern
wir lernen mit seinen Augen schaun
Gottes Werken ist nicht zu traun

Stets den andern weit voraus
wandert Ludger Lütkehaus
er späht in die Weite
schon steht da die Kneipe
heißa

Beim Glasen senken mit Geschick
tief wir ein ins Gegenüberauge
den Pupillenblick

Stalin hatte nichts am Hut
mit dem Pupillenblick
worunter Churchill litt
in Jalta
wie soll er wissen wie Stalin tickt
wenn er weigert den Pupillenblick

Dagegen Ludger Lütkehaus
Stalin Churchill weit voraus
im Verteilen der Länder
im Bestimmen der Gender
im Ordern von Wein

im Philosophieren allein
im Scherzen zu mehreren

An Ludgers Tisch ists Sitte
Friedrich Nietzsche sitzt in der Mitte
Nur wer zu leben versteht
versteht zu sein
Gute Einatmung Freunde
Guglhupf Pupillenblick

Vom Feldweg naht auf seinem Trecker
der erotisch hochbegabte Heidegger
bereit beim Ludger mitzumachen
hoch die Tassen

Guglhupf
Pupillenblick

Stalin Churchill Roosevelt
teilen sich die alte Welt
Ludger Lütkehaus hingegen
wandelt längst auf neuen Wegen

Wir wünschen ihn uns stets voraus
Vorwärts Ludger Lütkehaus
Guglhupf Pupillenblick

Straße im Süden

Der Wind hat Plastiktüten
an die Sträucher geweht
Schöne Bescherung

Auch sind die tollsten Autos
von der Hitze matt

Allerdings geht eine stolze Kuh
mit langen Hörnern
in eine fabrikähnliche Scheune
wie eine Direktorin

Leben Liebe Licht

Für den Mörder gilt das nicht
Er braucht die dunkle Nacht
In ihr ist leichter umgebracht
Opfer gibts wie Sand am Meer
Der Mörder liebt sie alle sehr
Wie er sie findet ob arm ob reich
Er erwürgt sie alle gleich
Die Mordlust hat er erst besiegt
Wenn ihm ein Mensch zu Füßen liegt
Nach Haus zu Muttern geht er dann
So schnell und unerkannt er kann

Frau ist tot

Ich stehe am Fenster und sehe Entrümplern zu
die ihre Siebensachen wegtragen

Ich warte auf das Gießkännchen

Einer trägt eine Stehlampe
einer ihre Krücken
einer einen Mikrowellenerhitzer
den er auf dem Weg zum Möbelwagen untersucht
Manchmal sind wohl brauchbare Sachen dabei
Hier nicht

Ich habe die Frau nie gesehn
nur ihre Hand
wenn sie zwischen Vorhang und Fenster
eine Grünpflanze goss

Wie die Männer hin und her hasten

Fleisch am Galgen

Fröhliche Runde am Nachbartisch
Kellnerin bringt unter Beifall der Gäste
ein schmiedeeisernes Gebilde
von dem Fleischstücke baumeln
kippt ein Kännchen Alkohol
drüber und hält ein Streichholz dran
O lala

Im Park des Schlosses

       kniete ein Gärtner am Beet
zupfte Unkraut
neben ihm stand ein Kind
Schäufelchen in der Hand

Ich ging vorüber

Das Kind hob das Schäufelchen
schlug es mit Wucht
auf den Kopf des Gärtners

Ich fühlte Gott

Der Gärtner lief ins Schloss
sich den blutenden Kopf haltend

Ich ging vorüber und sah das

Der Prinz Eisenherz der Baustelle

Knabenhafter Mann
Blond wie Eisenherz schwarz war
Mal hier mal dort
Kann alles
Springt aus dem Führerhaus des LKW
Wie ein Eichhorn
Kann entladen kann aufladen kann umladen
Mit einem kleinen Hebel vorm Bauch
Schwenkt er den Kran
Setzt die Lasten punktgenau
Den Kollegen vor die Füße
Geachtet von Dachdeckern Maurern Zimmerleuten
Beliebt bei Stuckateuren und dem Hausmeister
Raucht nicht trinkt nicht
Aus der Flasche
Telefoniert nicht
(Die andern telefonieren dauernd)
Hinkt heute

Heute hinkt er
Das linke Bein wie angeknickt
Im Humpelschritt
Nicht dass sein Tempo darunter litte
Aber das tut doch weh
Schon dich Mann
Jetzt kommt das Wochenende
Ruh dich aus
Lass dich verwöhnen
Gute Besserung fürs Bein

Glück auf
Ich will dich Montag wiedersehn
Gesund wie Eisenherz
Wie der Prinz so schön

SCHREITJÄGER

Bei aller Liebe Verdruss über ihre
schludrigen Nester

Um der Thürme Kronen
Sanfter Schwalben Geschrei
                        schreibt Hölderlin
wenn er Mauersegler meint Manche verwechseln
sie auch mit Alpenseglern
Mörike redet von Kirchenschwalben
Die Droste auf ihrem Turme in Meersburg
fühlte sich *vom schreienden Stare umstrichen*
Werden wohl Mauersegler imitierende Stare
oder gar selbst Mauersegler gewesen sein

Man muss schon genau hingucken sagt Hertel

Schwalben ziehn die Flügel nach jedem Schlag
an den Körper ran Machen Mauersegler nicht
In schnellem Schlagflug stürmen sie voran
dazwischen kleine Pausen fürs Gleiten
(Lux Lesebogen 199)
immer im Dienst dem Geist der Schwere
ein Schnippchen zu schlagen

Sieht aus als mähten sie Luft
mit ihren Flügeln wie Sicheln
befand Braxmeier Auch schnitten sie
die irrsten Kurven zickzacktoll
(machen Schwalben auch)
links winken und rechts abkippen
als hätten sie einen in der Krone

Der schnellste Flieger
unseres Vaterlandes sagt Brehm
(Erste Ordnung: Baumvögel; dreiund
dreißigste Familie: Segler) stellt aber
sein geistiges Wesen tief
Er sei herrschsüchtig
zänkisch stürmisch übermütig
könne mit keinem Geschöpf
in Frieden leben
(Tinnef)

Einige sagen ihr Gefieder sei rauchbraunschwarz
schwarzgrüner Erzschimmer
betone Mantel und Schultern
Kinn und Kehle ziere
ein rundlich weißer Fleck
Ihr Auge sei tiefbraun
der Schnabel schwarz
lichtbräunlich der Fuß
Alles geschehe im Fluge
kreischen *sriih sriih* fressen kopulieren
so schnell dass es kein Auge bezeugen könne
Bodenberührung nur im Todesfall
Er schreit schreibt René Char *das ist sein ganzes Dasein.*
Ein schmales Gewehr streckt ihn nieder. So ist das Herz.

Die Begattung geschehe morgens um sieben Uhr
im Nest behauptet Unmüßig Bei schönem Wetter
um 18 Uhr fliegend im Luftmeer meint Albermann
Irmhäuser kannte einen Mauersegler
der einundzwanzig Jahre alt war

Im innigsten Verkehr mit Turmfalken
sah Matthisson sie in Lübeck
Hohmeyer traf sie auf Helgoland unter Felsentauben
Gobel in Albanien unter Bienenfressern
Hüppi über Müllplätzen in Kairo
Dowell erwähnt einen einzelnen Mauersegler
Collett einen anderen
Shelley beschreibt sie 15 Jahre später als Dubsley

Nach Lindermayer erscheinen sie hier Ende März
nach Krüper Mitte April
Möller teilt mit sie kommen am 3. Mai und
gehen am 27. Juli

Warum wissen Roswitha und Wolfgang
Wiltschko Universität Frankfurt
Mauersegler orientieren sich am Magnetfeld
der Erde Ihr ominöser Magnetfühler nistet
in Molekülen der Netzhaut Wenns da
klingelt haun sie ab

Wir sind jetzt sehr allein

Vom Nichts

Am Anfang war das Nichts
Es bestand aus vielen Nichtsen
Sie rieben sich aneinander
Es kam zur Explosion
Weg war das Nichts
Dafür war Raum
Das ist alles

Sternentstehungsräume

Plötzlich ist er da Staub
aus dem Nichts
warum ist ungeklärt
Staubflöckchen gesellt sich
zu Staubflöckchen
bilden ein Staubkörnchen
durch Luftbewegungen und Anziehungskräfte
wachsen die Staubkörner zu Staubgeweben
sogenannten Wollmäusen
aus Wollmäusen werden
wenn man jetzt nicht handelt
Staubratten
aus denen Staubhunde entstehen
die sich emporfressen zu Staubrössern
dann Gute Nacht

Genauso geht es im Weltall zu
Sternenstaub findet sich zusammen
tanzt und wirbelt sich zu Schleiern Nebeln
die Bröckchen bilden
dann Brocken
dann zu Planeten werden

Kein Reinraum nirgends

Mutter sagte Gedichte auf

                                    beim Kochen
Der Kapitän steht an der Spiere
Das Fernrohr in gebräunter Hand
Spiere, wassen das, fragte ich
Na hier, sagte sie und legte meine Hände
an die Herdstange

Dem schwarzgelockten Passagiere
Hat er den Rücken zugewandt
Nach einem Wolkenstreif in Sinnen
die beiden wie zwei Pfeiler sehn
Der Fremde spricht: »Was braut da drinnen?«
»Der Teufel«, brummt der Kapitän

Kann sein Mutter kochte nicht gut
Kann auch sein ihr Vortragsstil war überhitzt

Wenn alle am Tisch saßen
und Guten Hunger sagten
ließ ich mein Auge *schwer und düster*
entlang den Suppentellern gehn
die eingebrühten Worte las ich: *Batavia. Fünfhundertzehn.*

Mädchenmoden

Jahrelang trieben sie sich Hühnerknochen
durch die Bauchnäbel demonstrierten
Schwangerschaftsbereitschaft

Schulutensilien schleppten sie
in Rucksäcken den Erziehungsberechtigten zu
Wenige Kühne trugen sie eine Weile
nur mit Riemen umschnürt

Heute transportieren sie das Lehrgut
in großen Handtaschen wie Mutter eine hatte
zum Kartoffelholen
und ihre Bäuche flattern hinter Gardinen

Westwalltag

Führerhauptquartier Tannenberg

> Eine Riege BDM kam von Bühl hoch
> und sang Kein schöner Land in dieser Zeit
> Wer hat dich du schöner Wald
> aufgebaut so hoch da droben
> Waldeslust Waldeslust o
> wie einsam schlägt die Brust

> Nur wenige Tage waren 1940 unserm früheren
> Staatskanzler vergönnt sich am Kniebis
> zu entspannen
> Mal ein Ausflug ins Elsass wo er einem herrenlosen
> französischen Pferd Zucker gab
> Abends Entwürfe für die Invasion in England

Ein Loch im Wald
Betonbrocken verstreut

Vor Ort Bunkerfreunde und Erdlochforscher
unter Führung eines Führers der alles weiß
Wenn er von Hitler spricht sagt er
unser früherer Staatskanzler

Mit dabei Diethart der Mummelseepreisträger
der ehemalige Kampfflieger aus dem Kraichgau
der schnupftabakziehende Rentner aus Willstätt
der Herr in Kniebundhose aus Freudenstadt
der Dauerredner aus Pforzheim in Bundeswehrtracht

das belgische Ehepaar in Tarnanzügen
der Halbschweizer aus Weil mit Fernrohr und Kartentasche
andere Irre

ich

Wir unterschreiben einen Antrag
für den Denkmalschutz dieses Lochs und seiner Trümmer
Sie seien wertvolle ökologische Nischen
für Fuchs und Fledermaus
und für die Erinnerung des Volkes wie geschaffen

Wie der Regen

heute wieder runterkommt
Tropfen an Tropfen
in Reih und Glied

Als ob es darauf ankäme

Weinlied für Männerchor

Lass sein lass sein
Lass deinen Mund vom Wein
Macht dich nur klein
Erst zittern dir die Hände
Dann knicken dir die Knie ein
Am Ende bist du ohne Wein
Nur allein
Ganz allein
Du arme Sau

Lass ab vom Wein

Weinlied für Männerchor nach Dehmel

Gleich ist die blaue Stunde da
Wein her, trinkt!
Trinkt, bis die Seele überläuft
Glas hoch, singt!
Singt mir das Lied vom Tod
Gleia glora glühlala!
In Scherben liegt das Leben
Klingklang klirrlala!

Schreitjäger

Weiter ausschreiten als die Beine reichen
Sehe in der Wiese einen
Reiher als Schreitjäger
Drittes Bein voraus
Gleich schlägt es aus
Im Schnabel danach ein dunkles Etwas

Unsereins ist auch so unterwegs
Beim Gedanken gehen lassen

Schrittweises Vorgehen
Unter den Füßen ein alter Gedanke
Weggetreten
In den Wolken ein neuer
Hinterher
Gedanken wie kleine Steine
Schöne zum Mitnehmen
Schwere zum Wegschmeißen

WOHIN MIT
DEM GEDICHT

Alter

Tupft jeden Krümel auf
zum Ärger der Frau

Wie das aussieht
die Leute denken weiß Gott was

Brot ist mein Gott
sagt er Krümel
sind meine Religion

Aufwärtsgehen

         in den Bergen
auf neuem Schnee über altem
unter jedem Schritt
knurrt der Schnee
knurrt wie sonst nur Fische knurren

Einst lebte ich unter Fischen
ich war nicht willkommen
wenn ich in ihre Nähe kam
knurrten sie was willst du hier

Nicht erwünscht zu sein
was für ein Leben

Die Verliese des Antiquars

Andale amigo bajella pablitos
Banacol bonita bouba cobana
Chiquita calypso del monte bajella
Cobamar consul bangior excelban turbana
Friendly onkel tuca kini pepita
Pretty liza eden tipito tropical rica
Dole dolphin excelban fyffes
Senorial switie premium tropy cavendish
Goldfinger

Keine zehn Pferde

Zwischen Kneipe und Lotterbett
zerren sie an dir rum
die zehn Pferde des Sprichworts
aber du weichst nicht
bis du die Füße voran
in die Kiste kommst
sicher vor Pferden

März

Kleine schweifende Seele
aus lauter Gold
über Krokus und Glockenblume
Der erste Schmetterling

Drei Brillen

Meine drei Brillen
immer da
wo sie nicht
hingehören

Es sollte so sein
dass sie einsatzbereit
auf dem Tisch liegen
für jede Entfernung
eine

Manchmal such ich herum
drei Brillen auf der Nase
wo ist der Tisch

Früher angelten nur Zigeuner

Wenn früher Familien im Freien
um Feuer saßen und grillten
wusste man Zigeuner

Wenn früher Leute in Zelten
und Wohnwagen schliefen
konnten es nur Zigeuner sein

Früher durfte man Zigeuner sagen

Im Tankstellenimbiss heute
Sinti- und Roma-Klopse mit Zigeunersoße

Die Blaue Suppe

Eine Blaue Suppe
hat ihren Quell
im Geheimnis

Trotzdem versuchen
Tausende täglich
eine Blaue Suppe
hinzukriegen

Gutes Gelingen

Der Kunstflieger

Ich sitze unter der Birke
Und sehe einem Kunstflieger zu

Wie viel Platz da ist
Zwischen den Zweigen
Für seine Loopings

Die besseren Mörder

Der tägliche Mord der heute uns gegeben war
Gefiel nicht
Schwer gekränkt sitzen wir vor dem Fernseher
Es läuft nicht so wie wir uns das vorstellen
Menschen geraten nicht nach Maß
Deswegen müssen wir sie zurechtstutzen
Hilflose Polizisten schlampige Mörder
Wir können es allzeit besser
Unsere Messer sind geschärft
Unsere Pistolen geladen
Das Gift in der Spritze
Nach dem Tatort schlagen wir los

Opa zeigt dem Mörder wie man es macht
Mutti erschießt den Kommissar
Dorli den Pfarrer
Hans schlägt mit der Axt zu
Ich nehm mir den Regisseur vor
Wenn wir sie alle aus dem Weg geräumt haben
Sinken wir friedlich ins Bett

Auf dem Friedhof

Ein weißer Damenschuh
zwischen den Gräbern

Das Leder hat Farben
von Blättern angenommen
und Blütenstaub aufgeladen

Wendland ist Wolfland

Hasen machen großen Schaden
Krähen machen großen Schaden
Rehe machen großen Schaden
Wildschweine machen großen Schaden
Jetzt setzt das Landwirtschaftsministerium Wölfe
Ein zur Schadensregulierung

...

Ein Wolf kam aus dem Schäferhaus
Trug im Maul den Schäfer raus
Die Schafe die bislang gedöst
Fühlten sich zu Recht erlöst
Doch baten sie ein wenig später
Lieber Wolf sei unser Schäfer

...

Drei Wölfe schleichen durch die Nacht
Hab acht mein Kind hab acht
Der erste will dich frein
Vom Scheitel bis ans Bein
Hab acht mein Kind hab acht
Der zweite will dich fressen
Bis du der Welt vergessen
Hab acht mein Kind hab acht
Der dritte heult sein schaurig Lied
Zu dem was von dir übrigblieb
Gute Nacht mein Kind gut Nacht

...

Dem Feldhasen wurde bei uns der Lebensraum knapp
Zuflucht fand er in den Steppen des Ostens
Doch verdrängte er dort den heimischen Wolf
Wohin nun mit dem
  Zu uns Kamerad
  Komm rein
  Wir rücken zusammen
  Der Hase war kein würdiges Wappentier uns
  Du aber Wolf entsprichst unserem Wesen genau

…

Einsamer Wolf
Komm in die Stube
Sei einer von uns
Wir schenken dir Wein ein
Schmieren dir Honig ums Maul
Legen dir unsre Töchter ins Bett
Hoho Hahei
Heul mit uns

…

Um acht Uhr kommt der Wolf noch nicht
Ihn lockt des Mondes fahles Licht
So gegen zehn vor zehne
Zeigt er seine Zähne
Um zehne schnappt er zu
Und weg bist du

…

Generation Wolf
Erst einer
Dann noch einer
Dann ein Rudel
Wölfe im Vormarsch
Sieh da mit eigener Gang
Kommt Wolfgang
Frischer Rahm tropft vom Maul
Unsres Wolframs
Wölflinge alle Wege und Werwölfe satt
Und Onkel Wolf führt Regie

Wohin mit dem gedicht

In die köpfe der jungen?
In die regale der alten?

In die tasche damit
Für ein beschwingtes gehen

Nicht dass es den spazierstock ersetzte
Das nicht

Aber es ist ein gutes gefühl
Mit einem gedicht in der hosentasche

Man kanns rausziehen
Lesen

Man kanns drinlassen
Bewahren

Gut versorgt
Mit wort und weise in der tasche

DAS DASEIN

Ein König morgens um 6

Der alte Zeitungsbote
hoch zu Motorrad
kesse Kappe aufm Kopp
verlangsamt vor meinem Haus
wirft ohne anzuhalten
die Zeitung vor die Tür
Da hast du den Dreck

Dann zuckelt er
die Straße hoch
souverän
morgens um sechs
ohne Vorschriftshelm
kann nur er sich leisten

Jetzt ich
bück mich zu dem
was sonst noch passiert

Draußen in der Wildschweinsiedlung

Der Zustand der Zufriedenheit
ist Haus geworden
im Vorgärtchen
die immergrüne Pflanze Glück

In den Garagen
festlich mit Weinlaub geschmückt
nachbarschaftlich sitzen die Bewohner
an Tischen von Bier Wurz
picheln sich einen und diskutieren
nationale Fragen
Militäreinsätze Schulreform
Ausländer Arbeitslose Autobahnmaut
beherzt und zugenäht

Später am Abend purzeln
die Worte heraus wie Geröll

Dabei gibt es viele Verletzte

Die Kuckucksuhr

Lang musst ich warten
auf eine Kuckucksuhr
jetzt ist sie da ruck
zuck hängt sie
die Tannenzapfen senkt sie
Tick machtse Tack kannse
zur halben Stunde aus dem Haus
springt flott der Kuckuck raus

Ein einzig Wort genügt ihm schon
und weiter läuft die Zeit davon

Die Flöte

                    außen glatt
innen hohl
Einatmung wie von selbst
Ausatmung mit Schmackes
So sei der Mensch
innen hohl
damit aller Wind durchgehn kann
tolle Wirbel macht
und flottes Spiel

Internet

Ich wollt mir eine Fliege binden
wie ging das noch
Als ich Fliege binden eingab
kam ein Video
zeigte eine Frau beim Fliegen binden
Lachsforellen sagte sie
lieben Pink

Aus dem Bauch raus

      nich mein Ding
ich lass alles drin

Es fällt auch nichts raus
weil ihn Hosenträger sichern
locker umgibt Hose den Bauch
kein Gürtel schnürt ein

Himmlische Hosenträger

Hans im Glück

Tauscht den Klumpen Gold
gegen ein Pferd
mein Gott noch mal

Tauscht das Pferd
gegen eine Kuh
schön blöd

Tauscht die Kuh
gegen ein Schwein
bescheuert

Tauscht das Schwein
gegen eine Gans
völlig gaga

Tauscht die Gans
gegen zwei Schleifsteine
ja gehts noch

Die Schleifsteine fallen
ihm in den Brunnen
so ein Tölpel

Jetzt aber
junger Mann
ab nach Haus
und glücklich sein

Station 3

Die am Tropf
sind die Kregelsten
die anderen Vortoten
entweder Krächzer
oder Röchler

Der Blick aus dem Fenster
fällt auf endlose Tabakfelder
ausgerechnet

Wir sind angehalten
uns abzumelden wenn
wir mal rauswollen
Ich geh kurz in die Kantine
Alles klar
und anzumelden
wenn wir zurückkommen
Ich bin wieder da
Alles klar

Alles ist hier Stationsärztin
Klar Oberarzt

Das Dasein

Ist es schon da
oder kommts noch
Wo bleibt es denn
Da ist es ja
ganz da
Guten Morgen
Dasein

Phantasien im Bremer Ratskeller

Ein Herbstgeschenk für
Freunde des Weines
Stuttgart, Franckh 1827
Kl.-8° (15 x 10,5 cm) 132 S.
Hldr. d. Zt. Mit changierendem
Deckelbezug aus floral gemusterter Kunstseide
Lesebändchen
Rückentitel und feine Rückenverzierung
in Goldprägung 1250,- Euro
Erste Buchausgabe. Gutes Ex., Deckelbezug
leicht fleckig. Inneres durchgehend
etwas stockfleckig, alter Besitzvermerk a.V.
(dat. 1837)

Immer diese 3 Worte

Was läuft da
Sie oder ich
Wohin willst du
Warte nur ab
Ich wars nicht
Du aber auch
Schrei nicht so
Mit oder ohne
Hau doch ab
Nicht mit mir
Jetzt reichts aber
Ich liebe dich
Sonst noch was

Girlitz

Bei schrumpfender Gegenwart
angenehm herumzugehn in Museen
Er versteht das Früher jetzt besser
hat zwar keinen praktischen Nutzen
mehr für die Lebensführung
außer der Toilettennutzung
Die sind hier meist ordentlich
er hält sich deswegen den Museumspass
(78 Euro) locker wieder reingeholt
im Laufe des Jahres

Gelassen schaut er rauchenden Kindern
in geraspelten Klamotten
gesäßbetont schlendernden Frauen zu
Männern in Dreiviertelhosen

Brunnen versiegen das war zu erwarten
Wein für den Abend öffnet er mittags
Kriege überall wie früher
fernsehn mag er nicht

Sieh da – ein Vogel
schwarzer Kehlfleck gelbe Brust
Girlitz sagt das Bestimmungsbuch

Girlitze gabs doch schon immer
warum nur hat er nie einen Girlitz gesehn

Anmerkungen

(Alphabetisch nach Gedichttiteln)

Beim Lesen der Droste
Lothar – Orkan im Dezember 1999 mit den höchsten Sturmschäden der jüngeren europäischen Geschichte.

Bier
Nietzsche besuchte die Rothaus-Brauerei, als er im Kurhotel Steinabad (»Hier wird mit Vernunft gekocht«) zur Kur weilte.

Bismarck-Denkmal
Mein Großvater ließ noch bei jedem Essen ein Gedeck für Bismarck auflegen. Falls Bismarck kommt. Für Bismarck sollte in seinem Hause jederzeit eine warme Suppe bereitstehen.

Bitteres Weh über ein verschwundenes Fahrrad
Da ging es bei Robert von Ranke-Graves in England anders zu: »Einmal ließ ich aus Versehen zwei Tage lang mein Fahrrad am Bahnhof stehen. Als ich es abholte, waren nicht nur die beiden Laternen, die Pumpe und das Flickzeug noch an ihrem Platz, sondern ein anonymer Freund hatte es sogar geputzt.« Robert von Ranke-Graves: *Strich drunter!* Rowohlt, Reinbek bei Hamburg 1990. Seite 367.

Blasiussegen
Per intercessionem S. Blasii Episcopi et Martyris liberet te Deus a malo gutturis et a quolibet alio malo. In nomine Patris et Filii et Spiritus Sancti. Amen

Die Blaue Suppe
›Blaue Suppe‹?! –: da starrte selbst die unerschütterliche Line entgeistert auf seinen Teller: »Jetzt hab ich doch - -: in dem Topf gekocht, in dem ich neulich: meine Bluse gefärbt hab‹.« Stammelte die fein zerschrammte Stimme. -. -. Der Chauffeur, unschlüssig zwischen Lachen und Hungerärger, erschöpfte sich einen Löffel, und wir erschraken von neuem: seegrün lagen die Körner im wilden Farbbade!: Knorr. ›Huhn mit Reis‹.
Arno Schmidt: *Das steinerne Herz*. Stahlberg Verlag, Karlsruhe 1956. Seite 114

Die Verliese des Antiquars
Gerade noch handelbarmöglich für einen in die Jahre gekommenen Antiquar sind Schichtung, Hebung oder Transport von Büchern in Bananenkartons. Diese sind die des Antiquars Bernhard Wette, Alte Brauerei Urlau.

Döblin kommt zurück 1945
Collage von Zitaten aus Alfred Döblin: *Schicksalsreise.* Walter, Olten
1980
ein vergänglichkeitsanlass
Waldhaus – in Freiburg im Breisgau
Gauger – Hans Martin Gauger, Romanist und Sprachwissenschaftler
Jung – Markus Manfred Jung, schreibt Gedichte in alemannischer
Mundart
Erhardt – Hans Martin Erhardt, Maler
Gustave – Gustave Fecht, Brieffreundin von Hebel im Oberland
Fleisch am Galgen
Berggasthof Hintere Wasserfallen, Reigoldswil
Fußball hilft
Schürrle – André Schürrle, Fußballer
Papst – Benedikt XVI.
Hintern voll
Auch in der Schule. Die Bambusstöcke wurden aus der Klassenkasse
bezahlt.
Ich & Du
Das Wollen steht – Zeile aus August Stramms Gedicht *Liebeskampf.*
Aus: August Stramm: *Gedichte, Dramen, Prosa, Briefe.* Reclam Verlag,
Stuttgart 1997
Kirchplatz mit Wackersteinen
Quellgeist – Wird in Baden-Baden für alles verantwortlich gemacht,
was aus der Reihe tanzt.
Menzels Fuß
Adolph von Menzel: *Der Fuß des Künstlers,* 1876. Das Gemälde befin-
det sich in der Alten Nationalgalerie in Berlin.
Mutter sagte Gedichte auf
Annette von Droste-Hülshoff: *Die Vergeltung*
Phantasien im Bremer Ratskeller
Buch von Wilhelm Hauff
Sagte Otto
Otto – Otto Flake
Stampfkartoffeln
Kartoffelangst – Rudolf Steiner war so einer.
In der Apotheke gibt's den Geist der Kartoffel als Hypnotikum und Be-
ruhigungsmittel auch in Pillenform. Diazepam, verschreibungspflichtig.
Wandern mit Ludger Lütkehaus
Churchill beklagt in seinen Memoiren die Unmöglichkeit, mit Stalin
Blickkontakt aufzunehmen. Wie tickt der Mann? Stalins Blick versäusle
immer im Ungefähren, kaukasisch.

Lütkehaus hat *Nichts* geschrieben und ist Mitherausgeber der Nietzsche-Ausgabe letzter Hand. Die erotische Hochbegabtheit Heideggers ist seine Entdeckung. »Guglhupf, Pupillenblick« nannten seine amerikanischen Studenten, die er nach Jahren wiedertraf und sie fragte, welche deutschen Wörter sie aus seinen Vorlesungen behalten hätten.

Weinlied für Männerchor nach Dehmel
Richard Dehmel: *Mein Trinklied*
Wenn der Geschlechtswind weht
»Der Geschlechtswind hält sich in den Lenden des Mannes auf. Ihm sind zwei zeltartige Gebilde beigegeben, in die er wie in eine Esse bläst...« Hildegard von Bingen: *Geheimnis der Liebe*. Walter, Olten 1977. Seite 58f.

Westwalltag
Führerhauptquartier Tannenberg. Kniebisgebiet an der Schwarzwaldhochstraße. Nähere Angaben verweigert.

Alphabetisches Verzeichnis der Gedichttitel

Bitte beachten Sie
auch die folgenden Seiten

Otto Jägersberg
im Diogenes Verlag

Weihrauch und Pumpernickel
Ein westpfählisches Sittenbild

Ein Coming-of-Age-Roman aus Westfalen: Georg, noch während des Zweiten Weltkriegs geboren, wächst auf in einer ländlichen Welt mit schrulligen Originalen, handfestem Essen und kerniger Doppelmoral. Er lernt und verliebt sich und malocht und schreibt und fühlt eine Sehnsucht nach der Großstadt in sich heranreifen. Ein scharf beobachteter Heimat- und Schelmenroman in einer deftigen und sinnlichen Sprache.

»Das ist nun wirklich ein guter junger Schriftsteller, frech und gottesfürchtig. Ich gratuliere Ihnen zu diesem Fund! Leute, bei denen man nicht lachen muss, sondern lachen kann, sind ja äußerst selten.«
Alfred Andersch

Der Herr der Regeln
Roman

Der Glaube an das Glück erfordert täglichen Kampf. In einer deutschen Kleinstadt sitzen drei Männer beim Spiel. Aus der Gewohnheit entstehen Freundschaften. Im Hintergrund ihrer Familien erziehen, singen und philosophieren die Frauen. Die Männer mischen die Karten. Die Regeln sichern den tiefen Frieden. Bis der Tag der Abrechnung naht. Ein Buch von der Liebe, vom Tod und von den Spielregeln.

»Wahrhaftig ein böses Buch, gescheit, anschaulich und spannender als so mancher Krimi, der den Leser das Fürchten lehren will.« *Neue Zürcher Zeitung*

»Ein Roman, der durch die Schilderung trivialer Lebensumstände in der Kleinstadt fasziniert.«
Das neue Buch, Bonn

Mit Gedichten durchs Jahr

Ein lyrischer Kalender
mit 365 Gedichten

Ausgewählt von
Daniel Kampa

Wer liest heute eigentlich noch Gedichte? Vielleicht sollten wir Goethes Ratschlag folgen und es jeden Tag mit wenigstens einem versuchen. *Mit Gedichten durchs Jahr* enthält 365 Gedichte von klassischen und zeitgenössischen Autoren, einige davon berühmt, andere regelrechte Fundstücke, aus den verschiedensten Epochen und Ländern über die unterschiedlichsten Themen. Gedichte können kleine, wundersame Pausen im Alltag sein, ein kurzes Innehalten oder ein tiefes Einatmen inmitten der Wirren des Tages. *Mit Gedichten durchs Jahr* – eine Einladung.

»Man soll alle Tage wenigstens ein gutes Gedicht lesen.« *Johann Wolfgang Goethe*

Alfred Andersch
im Diogenes Verlag

Alfred Andersch, 1914 in München geboren, war nach dem Krieg u. a. Redaktionsassistent Erich Kästners bei der *Neuen Zeitung*, gab zusammen mit Hans Werner Richter die Zeitschrift *Der Ruf* heraus, nahm an den ersten Tagungen der Gruppe 47 teil und war Herausgeber der literarischen Zeitschrift *Texte und Zeichen*. Er lebte seit seinem Weggang als Leiter der Redaktion *radio-essay*, die er beim Süddeutschen Rundfunk begründete, als freier Schriftsteller in der Schweiz, wo er 1980 starb.

»Andersch stellt Fragen, die nichts von ihrer Brisanz verloren haben.«
Stephan Reinhardt / Frankfurter Rundschau

Gesammelte Werke
in zehn Bänden
Kommentierte Ausgabe
Herausgegeben von Dieter Lamping
Kommentare der Bände 1–7 von Dieter Lamping, der Bände 8–10 von Axel Dunker

Alle Bände auch einzeln erhältlich

Band 1: *Sansibar oder der letzte Grund · Die Rote*

Band 2: *Efraim*

Band 3: *Winterspelt*

Band 4: *Erzählungen 1*

Band 5: *Erzählungen 2
Autobiographische Berichte*

Band 6: *Gedichte und Nachdichtungen*

Band 7: *Hörspiele*

Band 8: *Essayistische Schriften 1*

Band 9: *Essayistische Schriften 2*

Band 10: *Essayistische Schriften 3*

Die Texte der folgenden Taschenbücher entsprechen denjenigen der textkritisch durchgesehenen Edition *Gesammelte Werke*:

Die Kirschen der Freiheit
Ein Bericht

Sansibar oder der letzte Grund
Roman
Auch als Diogenes Hörbuch erschienen, gelesen von Hans Korte

Geister und Leute
Zehn Geschichten

Die Rote
Roman

Ein Liebhaber
des Halbschattens
Drei Erzählungen

Efraim
Roman

Mein Verschwinden
in Providence
Neun Erzählungen

Winterspelt
Roman

Der Vater eines Mörders
Eine Schulgeschichte
Auch als Diogenes Hörbuch erschienen, gelesen von Hans Korte

Außerdem erschienen:

Die Inseln unter dem
Winde
und andere Erzählungen. Ausgewählt
von Winfried Stephan

Materialien zu
Die Kirschen der Freiheit
Herausgegeben von Winfried Stephan

Stephan Reinhardt
Alfred Andersch
Eine Biographie. Mit zahlreichen Abbildungen, Anmerkungen und Zeittafel

Alfred Andersch/Max Frisch
Briefwechsel
Herausgegeben und mit einem Vorwort von Jan Bürger

Hugo Loetscher
im Diogenes Verlag

Hugo Loetscher wurde 1929 in Zürich geboren. Er war seit 1969 als freier Schriftsteller und Publizist tätig und bereiste regelmäßig Lateinamerika, Südostasien und die USA. Hugo Loetscher war Gastdozent an verschiedenen internationalen Universitäten und Mitglied der Darmstädter Akademie für Sprache und Dichtung. 1992 wurde er mit dem Großen Schiller-Preis der Schweizerischen Schillerstiftung ausgezeichnet. Er starb 2009 in Zürich.

Wunderwelt
Eine brasilianische Begegnung

*Herbst in der
Großen Orange*

*Der Waschküchenschlüssel
oder Was – wenn Gott
Schweizer wäre*
Geschichten
Auch als Diogenes Hörbuch erschienen, gelesen von Emil Steinberger

Der Immune
Roman

Die Papiere des Immunen
Roman

Die Fliege und die Suppe
und 33 andere Tiere in 33 anderen Situationen. Fabeln

Die Kranzflechterin
Roman

Abwässser
Ein Gutachten

Der predigende Hahn
Das literarisch-moralische Nutztier.
Mit Abbildungen, einem Nachwort, einem Register der Autoren und Tiere sowie einem Quellenverzeichnis

Die Augen des Mandarin
Roman

Vom Erzählen erzählen
Poetikvorlesungen. Mit Einführungen von Wolfgang Frühwald und Gonçalo Vilas-Boas

Der Buckel
Geschichten

Lesen statt klettern
Aufsätze zur literarischen Schweiz

Es war einmal die Welt
Gedichte

War meine Zeit meine Zeit

Außerdem erschienen:

In alle Richtungen gehen
Reden und Aufsätze über Hugo Loetscher. Herausgegeben von Jeroen Dewulf und Rosmarie Zeller

Alice Vollenweider &
Hugo Loetscher
Kulinaritäten
Ein Briefwechsel über die Kunst und die Kultur der Küche

Jakob Arjouni
im Diogenes Verlag

Jakob Arjouni, geboren 1964 in Frankfurt am Main, schrieb mit neunzehn seinen ersten *Kayankaya*-Roman. Für *Ein Mann, ein Mord* erhielt er 1992 den Deutschen Krimi-Preis, und seine Veröffentlichung *Idioten. Fünf Märchen* stand monatelang auf den Bestsellerlisten. Arjouni lebte mit seiner Familie in Berlin und Südfrankreich. Er starb am 17. Januar 2013 in Berlin.

»Seine Virtuosität, sein Humor, sein Gespür für Spannung sind ein Lichtblick in der Literatur jenseits des Rheins, die seit langem in den eisigen Sphären von Peter Handke gefangen ist.« *Actuel, Paris*

»Seine Texte haben Qualität. Sie sind ambitioniert, unaufdringlich-provokativ, höchst politisch.«
Barbara Müller-Vahl / General-Anzeiger, Bonn

Happy birthday, Türke!
Kayankayas erster Fall. Roman
Auch als Diogenes Hörbuch erschienen, gelesen von Rufus Beck

Mehr Bier
Kayankayas zweiter Fall. Roman
Auch als Diogenes Hörbuch erschienen, gelesen von Rufus Beck

Ein Mann, ein Mord
Kayankayas dritter Fall. Roman
Auch als Diogenes Hörbuch erschienen, gelesen von Rufus Beck

Magic Hoffmann
Roman
Auch als Diogenes Hörbuch erschienen, gelesen von Jakob Arjouni

Ein Freund
Geschichten

Kismet
Kayankayas vierter Fall. Roman

Idioten. Fünf Märchen

Hausaufgaben
Roman

Chez Max
Roman
Auch als Diogenes Hörbuch erschienen, gelesen von Jakob Arjouni

Der heilige Eddy
Roman
Auch als Diogenes Hörbuch erschienen, gelesen von Jakob Arjouni

Cherryman jagt Mister White
Roman

Bruder Kemal
Kayankayas fünfter Fall. Roman

Die Kayankaya-Romane in einem Band im Schuber
Happy birthday, Türke / Mehr Bier / Ein Mann, ein Mord / Kismet / Bruder Kemal

Astrid Rosenfeld
im Diogenes Verlag

Astrid Rosenfeld wurde 1977 in Köln geboren. Nach dem Abitur ging sie für zwei Jahre nach Kalifornien, wo sie erste Berufserfahrungen am Theater sammelte. Danach begann sie eine Schauspielausbildung in Berlin, die sie nach anderthalb Jahren abbrach. Eine Zeitlang hat sie in diversen Jobs in der Filmbranche gearbeitet, unter anderem als Casterin. Ihr Debütroman *Adams Erbe* erschien 2011 und schaffte es auf Anhieb auf die Longlist für den Deutschen Buchpreis. Astrid Rosenfeld lebt als freie Autorin in Berlin.

»So möchte man schreiben können: federleicht und doch mit Tiefgang, witzig und locker und doch niemals platt, spannend, aber doch leise und ohne aufgeplusterte Action.«
Birgit Ruf / Nürnberger Nachrichten

Adams Erbe
Roman

Elsa ungeheuer
Roman
Auch als Diogenes Hörbuch erschienen,
gelesen von Robert Stadlober

Sing mir ein Lied
9872 Meilen und eine Geschichte
Mit Fotografien von
Johannes Paul Spengler